¡Demasiada basura!

Dona Herweck Rice

La basura puede
generar **contaminación**.

Afecta al agua.

Afecta a la tierra.

Afecta al aire.

Afecta a las aves.

Afecta a los peces.

Nos afecta a nosotros.

¡No contamines!

¡Hagamos ciencia!

¿Qué le sucede a la basura cuando se entierra? ¡Intenta esto!

Qué conseguir

- ❏ agua
- ❏ basura, como una lata, plástico y cáscara de fruta
- ❏ cubeta con tierra
- ❏ pala pequeña
- ❏ periódico

Qué hacer

1 Entierra la basura en la cubeta. Agrega agua. Mezcla las cosas con una pala.

2 Una vez por semana, agrega más agua y mezcla las cosas.

3 Espera cuatro o cinco semanas. Saca la basura de la cubeta. Colócala sobre un periódico. ¿Qué le sucedió a la basura?

Glosario

afecta: que lastima
o daña

contaminación:
basura que lastima
o daña las cosas

contamines:
ensucies de tal
manera que
lastimas o dañas
las cosas

Índice

¡Tu turno!

Una buena forma de reducir tanta basura es al reciclar. Esto significa usar algo de una nueva manera. Piensa en una forma en la que puedes reciclar algo.

Asesoras

Sally Creel, Ed.D.
Asesora de currículo

Leann Iacuone, M.A.T., NBCT, ATC
Riverside Unified School District

Jill Tobin
Semifinalista
Maestro del año de California
Burbank Unified School District

Créditos de publicación

Conni Medina, M.A.Ed., *Gerente editorial*
Lee Aucoin, *Directora creativa*
Diana Kenney, M.A.Ed., NBCT, *Editora principal*
Lynette Tanner, *Editora*
Lexa Hoang, *Diseñadora*
Hillary Dunlap, *Editora de fotografía*
Rachelle Cracchiolo, M.S.Ed., *Editora comercial*

Créditos de imágenes: Portada y pág.1 Paul Nicklen/ National Geographic Creative; pág.6 Zeljko Santrac/Getty Images; pág.10 Steven Kazlowski/Getty Images; pág.14 EPA/Newscom; págs.18–19 (ilustraciones) J.J. Rudisill; pág.21 Fuse/Getty Images; pág.22 Image Source/Getty Images; pág.24 John Cancalosi/Getty Images; todas las demás imágenes cortesía de Shutterstock.

Teacher Created Materials
5301 Oceanus Drive
Huntington Beach, CA 92649-1030
http://www.tcmpub.com
ISBN 978-1-4258-4638-1
© 2017 Teacher Created Materials, Inc.